Como convertir tú idea en un plan negocio explicado de forma simple

Una guía de cómo escribir un plan de negocios exhaustivo de forma sencilla

Contenido

¿Cómo y Por qué Leer Este Libro? 8

1   La Idea de Negocio 9

2   Resumen Ejecutivo y Metodología 13

    2.1   Resumen Ejecutivo 13

    2.2   Metodología 13

3   Presentación y Descripción de la Empresa 14

    3.1   Descripción del Modelo de Negocio 14

    3.2   Gestión Empresarial 14

        3.2.1   Responsabilidad de la Junta Directiva 14

        3.2.2   Estructura de la Junta Directiva 14

        3.2.3   Valores Corporativos 15

    3.3   Misión, Visión, Metas y Objetivos Corporativos 15

        3.3.1   Misión 15

        3.3.2   Visión Corporativa 15

        3.3.3   Metas 15

        3.3.4   Objetivos 15

        3.3.5   Impulsores de Valor 16

    3.4   Estrategia Filosófica 16

    3.5   Imagen Corporativa 16

3.6	Accionistas	16
3.7	Equipo Directivo	17
3.8	Motivos Detrás del Proyecto	17
4	La Oportunidad de Negocio	18
4.1	Visión General del Mercado	18
4.1.1	Perfil del Cliente	18
4.1.2	Estrategia de Segmentación	19
4.1.3	Investigación de Mercado	20
4.1.4	PESTEL	21
4.2	Proposición de Valor	26
4.2.1	Descripción de las Necesidades – *Características de los valores clave demandados, situación general y cómo se han de cumplir*	26
4.2.2	Análisis del Entorno Competitivo	26
4.2.3	Competencias Fundamentales	28
4.3	Herramientas Estratégicas	29
4.3.1	Cadena de Valor de Michael Porter	29
4.3.2	Análisis DAFO	34
4.3.3	Matriz BCG	35
4.4	Fuentes de Ingresos	37
4.5	Estrategia y Crecimiento Empresarial	37

5 Marketing 38

    5.1 Innovación 38

    5.2 Estrategia de Marketing 39

    5.3 Marketing mix 40

        5.3.1 Producto 40

        5.3.2 Precio 40

        5.3.3 Distribución 41

        5.3.4 Promoción / Comunicación 43

    5.4 Plan de Ventas Detallado 43

6 Operaciones de Cadena de Suministro 46

    6.1 Identificación del Proceso de la Cadena de Suministro 46

    6.2 Externalización vs Personal Fijo vs Operaciones Internas 48

    6.3 Estructura de Gastos, Gastos de Bienes Vendidos y Gastos Operacionales 49

        6.3.1 Coste de Bienes Vendidos (COGS, del inglés Cost of Goods Sold) 49

        6.3.2 Gastos Operacionales 50

    6.4 Niveles de Existencias 50

    6.5 Garantía de Calidad 51

7 Recursos Humanos 52

    7.1 Estructura Organizativa 52

	7.2	Descripción Funcional de Puesto de Trabajo	55
	7.3	Políticas de Recursos Humanos	56
	7.3.1	Reclutamiento y Selección	56
	7.3.2	Evaluación de desempeño	57
	7.3.3	Conducta en el ámbito laboral	57
	7.3.4	Remuneración	58
	7.3.5	Gestión Corporativa	59
8		Informes Financieros	60
	8.1	Necesidades Financieras	60
	8.1.1	Inversión	60
	8.1.2	Préstamo Bancario	61
	8.2	Informes Financieros	61
	8.2.1	Cuenta de Resultados	61
	8.2.2	Flujo de Caja	63
	8.2.3	Balance Financiero	65
	8.2.4	Valoración de Inversión	66
	8.3	Ratios Financieros	67
9		Aspectos Legales	73
	9.1	Estructura Jurídica de la Empresa	73
	9.2	Estatutos de la empresa	73

9.3	Tramites de la constitución	74
9.4	Propiedad Intelectual	75
9.5	Seguros y Licencias	76
10	Sistemas Informáticos	77
11	Planes de Contingencia	78
12	Hoja de Ruta y Estrategias de Crecimiento	79
13	Conclusión	80

¿Cómo y Por qué Leer Este Libro?

El propósito de este libro es servir de guía para aquel que tenga una idea de negocio y quiera transformarla en un plan de negocio. El libro está dividido en 13 capítulos diferentes. Cada uno está explicado de manera que cualquiera los pueda entender.

A la hora de leer el libro puedes ir saltando de capitulo en capitulo según tus necesidades. No hay un plan de negocios igual a otro, por lo tanto, es importante que sepas que esto es solo una guía. Tu puedes modificar el orden y la información que quieres presentar.

Asimismo, en las siguientes páginas te doy las herramientas necesarias para construir un plan de negocios. Aprenderás a:

- ✓ Identificar la oportunidad de negocio.
- ✓ Determinar los valores corporativos.
- ✓ Identificar las competencias fundamentales
- ✓ Analizar el entorno competitivo.
- ✓ Usar herramientas para crear una exitosa estrategia de marketing.
- ✓ Desarrollar una cadena de suministros.
- ✓ Desarrollar informes financieros necesarios.
- ✓ Realizar una valoración de la inversión
- ✓ ¡Y mucho más!

1 La Idea de Negocio

Lo primero que hay que hacer es definir qué es exactamente una idea de negocio. Una idea de negocio es eso, una idea. Una idea de negocio se define como una oportunidad de mercado en el cual se puede satisfacer las necesidades del mismo y en el cual puede haber competencia, pero existe potencial de crecimiento. La idea de negocio deberá estar basada en un *Producto Final Valioso (PFV)*. Un PFV es algo, ya sea un servicio o producto, que puede intercambiarse por algo, hoy en día esto sería dinero. La clave de esto es que ha de ser INTERCAMBIABLE con alguna terminal del mercado, con la que has de estar en comunicación. Esto es muy importante a largo plazo, ya que producir algo que es valioso para los clientes potenciales te permitirá obtener su apoyo. A largo plazo, no importa lo bien que traces un plan de ventas o los gastos que intentes recortar de aquí y allá, si luego tu producto no es valioso para alguien acabaras fracasando. Por lo tanto, tener muy claro cuál es tú PFV es extremadamente importante, ya que toda tu actividad estará basada en él. Esto también te permitirá comunicar tu idea de una manera simple a tus inversores.

Además de tener muy claro tu PFV, tu idea también tendrá que tener un mercado bien definido, ha de ser innovadora, viable económicamente y técnicamente. Pero vamos por partes.

¿Qué es exactamente un mercado?

Un mercado se define como el medio en el cual los compradores y los vendedores interactúan entre sí para satisfacer la oferta y la demanda de un producto en particular. En un mercado entran en contacto diferentes grupos de interés que interactúan entre ellos constantemente. La representación más fácil de un mercado, hoy en día, es un lugar como la típica galería de alimentación en la que se juntan, uno al lado de otro, distintos vendedores que vende prácticamente el mismo producto a distintos compradores. Esto significa que las acciones de uno pueden afectar a los demás vendedores. Hoy en día los mercados son globales, lo que significa que las acciones de una empresa en el extranjero te pueden afectar. Para determinar el mercado en el que vas a establecer tu actividad tienes que estimar tu área de influencia. ¿Vas a poder llegar a clientes en el extranjero o solamente podrás atender a clientes en tu zona? Una vez que tengas eso claro tendrás tu mercado.

¿Qué es innovación?

Normalmente, asociamos la palabra innovación con productos que son revolucionarios, como lo fueron en su día el iPod y el iPhone, pero la innovación abarca mucho más que eso. Innovar se puede definir como la aplicación de una nueva idea, invento o proceso que ofrece valor y por el cual alguien está dispuesto a pagar. Esto no quiere decir que tengas que inventar algo nuevo que vaya a cambiar el mundo. Puede ser que encuentres un nicho de mercado en el que puedes hacer las cosas mejor de lo que se están haciendo en este instante. La mayoría de las innovaciones hoy en día son cambios en procesos de producción de productos existentes para mejorar la calidad del producto, utilizar materiales más respetuosos con el medio ambiente, reduciendo costes, etcétera y así ofreciéndoles mayor valor que la competencia.

¿Cómo averiguar si es económicamente y técnicamente viable?

Averiguar si tu idea es económicamente viable es relativamente sencillo, aunque eso lo verificaremos más adelante. Lo primero es estimar un precio y el coste de tu PFV. Este precio deberá ser realista en el mercado del que vas a formar parte. Más adelante veremos el proceso exacto de cómo establecer el precio de algo. Ahora haz una estimación del coste de producción de tu PFV y el valor añadido. El valor añadido es la diferencia entre lo que cuesta hacer el PFV y la cantidad percibida. Aquí es donde tendrás que valorar cuanto le suman tus acciones al coste de producir el PFV. Por ejemplo, no es lo mismo ir a McDonald's que ir a una hamburguesería en la que te dan carne de Kobe y en el cual usan productos frescos. La dos son hamburguesas, pero el valor añadido es mayor en la hamburguesería donde la carne que sirven es de Kobe. Si los la idea no es viable a estas alturas te aconsejo que te vuelvas a plantear tu idea de negocio. Si sigues creyendo que es rentable, continúa.

En el aspecto técnico deberás ver si tú puedes llevar a cabo el proyecto. Cuanto más sepas de un campo, mayor probabilidad de éxito tendrás. A una persona que no tiene conocimientos en el área le será bastante más difícil emprender un proyecto que a alguien que tiene el conocimiento y la experiencia. Esto no quiere decir que te cierres puertas.

Lo que tienes que hacer es aprender todo lo que puedas acerca de ese tema, y así no dependerás de nadie.

Una vez tengas esto bien claro todo esto podrás avanzar al siguiente capítulo del libro.

2 Resumen Ejecutivo y Metodología

2.1 Resumen Ejecutivo

Esto es un resumen del proyecto en su totalidad. No entres en mucho detalle, ya que no debe ser demasiado largo. El propósito del resumen ejecutivo es el de proporcionar una idea del proyecto a un inversor, sin que tenga que leer el proyecto entero. Teniendo esto en cuenta, debéis aseguraros a la hora de escribirlo que contestáis a preguntas acerca del mercado, de los clientes potenciales, de la localización, de la cadena de producción y de la rentabilidad del negocio. Si lográis hacer esto obtendréis a un inversor que está interesado en vuestro negocio y continuará leyendo vuestro proyecto.

2.2 Metodología

Este punto está dirigido para aquellas personas que leen este libro con un propósito académico. En cualquier universidad o instituto querrán saber que herramientas y que fuentes has usado para cada uno de los pasos. Por lo tanto, describe de qué manera has abordado la investigación y las herramientas que has usado en el proyecto.

3 Presentación y Descripción de la Empresa

3.1 Descripción del Modelo de Negocio

Aquí debes explicar el modelo de negocio. Es importante que en este punto el lector vea en que os diferencias de los competidores. Por lo tanto, describe tu PFV, los proveedores, la materia prima, la manera de producir, el precio, la estrategia competitiva o cualquier otro dato que sea crucial y que sirva de atractivo para vuestros clientes potenciales.

3.2 Gestión Empresarial

3.2.1 Responsabilidad de la Junta Directiva

Este es el órgano de decisión supremo en cuanto a las decisiones ejecutivas. Describe como se llevaran a cabo las evaluaciones de los distintos departamentos y a sus encargados. También debes describir cualquier otra función que tengan. Estas pueden incluir: planificación estratégica, supervisar acciones ejecutivas, proporcionar consejo al director general y también establecer la fecha de asamblea anual para presentar los resúmenes del año a los accionistas.

3.2.2 Estructura de la Junta Directiva

En este punto se deben establecer los requisitos para formar parte de la junta, el número máximo de miembros, establecer el límite del mandato, la frecuencia de las reuniones y también el acceso que tendrán los asesores externos y los directores de los distintos departamentos.

También es crucial señalar el poder que tendrán los accionistas sobre la Junta Directiva. Normalmente son los que nombran a sus miembros.

3.2.3 Valores Corporativos

Aunque pueda parecer algo bastante obvio, es importante describir los valores éticos de la empresa. Tener los valores muy claros no solo te permitirá transmitírselos a que tus clientes más fácilmente y harán que se sientan identificados con vosotros, sino que también establecerá una pauta de comportamiento entre los empleados, los distribuidores, proveedores y cualquier otro interesado.

3.3 Misión, Visión, Metas y Objetivos Corporativos

3.3.1 Misión

La misión de una empresa es la declaración de su propósito básico, el cual no cambia con el tiempo.

3.3.2 Visión Corporativa

Es importante expresar las acciones que queréis tomar y los resultados que quieres lograr en el futuro como empresa.

3.3.3 Metas

Las metas son necesarias en cualquier negocio. Estas deberán describir lo que queréis logra como empresa. Un ejemplo sería 'ser el referente en la industria'.

3.3.4 Objetivos

Los objetivos se diferencian de las metas por el hecho de que deben de ser 'SMART', que quiere decir que un objetivo ha de ser específico, medible, realizable, realista y limitado en tiempo (Specific, Measurable, Achievable, Time-based). Un objetivo valido sería: abrir la segunda sucursal en el 3º año de actividad en Madrid.

3.3.5 Impulsores de Valor

Debes describir los valores que impulsan a la empresa, La razón y el propósito detrás de la empresa.

3.4 Estrategia Filosófica

En este punto debes pensar en la manera de atraer clientes. Deberás tomar la decisión de si quieres ofrecer un producto de calidad u ofrecer menos calidad a precios reducidos, y explicar cómo lo vais a conseguir. Debes dar datos del método de elección de proveedores y de producción. Esto es muy importante ya que os diferenciará de los competidores.

3.5 Imagen Corporativa

Expresar como quieres que te perciban las partes externas es muy importante. Diseñar un buen logo hará que la gente pueda identificar la empresa, identificarse a sí mismo con la empresa e identificar la actividad de la empresa. También es crucial que tomes en cuenta el significado de los colores y las letras y los símbolos.

3.6 Accionistas

Al inicio de cualquier empresa es importante describir como se dividirá la propiedad de la empresa. También debes explicar las normas relacionadas con la venta y compra de acciones o participaciones a nuevos y existentes accionistas. Describir las posibles responsabilidades y funciones también será necesario.

3.7 Equipo Directivo

El éxito o fracaso de cualquier empresa es el resultado de los directivos. Por lo tanto, a la hora de nombrar los directivos de tu empresa has de explicar las funciones de cada uno, y las razones por las cuales están en esa posición. Una buena manera de ilustrar esto es mediante un pequeño organigrama con los nombres de los directores, como el de abajo.

Ilustración 1 - Organigrama

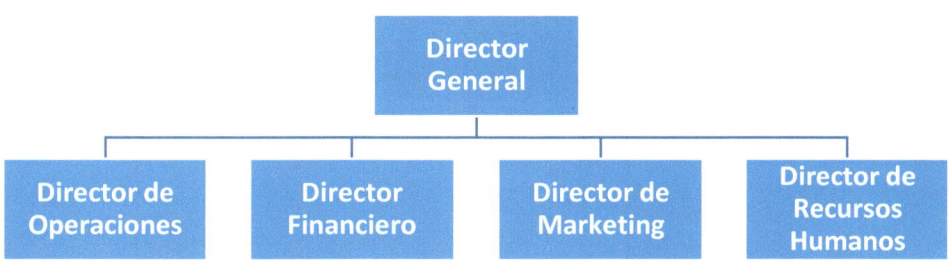

3.8 Motivos Detrás del Proyecto

Esta sección está destinada para que transmitas tus razones personales por las cuales te estas embarcando en el proyecto. También debes hablar de tu formación y tu experiencia en la industria, con el propósito de convencer al inversor de que tú eres la persona adecuada. Así que, no dudes en ponerle pasión a la hora de escribir esta sección.

4 La Oportunidad de Negocio

A continuación veremos los pasos necesarios a la hora de estudiar a fondo la oportunidad de negocio. Tu conclusión acerca de si debes emprender este proyecto será tan buena como los datos que recopiles, así que asegúrate de que las fuentes que usas para encontrar la información son fiables

4.1 Visión General del Mercado

El propósito de esta sección es la de introducir el mercado al inversor. Lo primero que debes hacer es establecer los límites de tu zona de influencia. Con esto me refiero a donde van a estar tus clientes. Un restaurante normalmente estará limitado a una ciudad. En cambio, los límites en una tienda online serán los territorios a los que se envíen sus productos.

4.1.1 Perfil del Cliente

En este punto se debe de explicar el perfil o perfiles típicos de los clientes que piensas atraer. Por ejemplo los perfiles de clientes para un colegio serían los padres, ya que los hijos son los consumidores. El perfil de cliente puede estar dividido en las siguientes subdivisiones.

- ✓ **Edad & Género** – rango de edad y el sexo de los posibles clientes (en caso de que este enfocado a un género o edad en particular).

- ✓ **Localización Geográfica** – se debe de estimar la localización del posible cliente, ya sea regional o internacional, y las razones por esta conclusión.
- ✓ **Ingresos** – para estimar el posible nivel económico que ha de tener el cliente potencial, toma en cuenta el precio medio de tus servicios o productos en comparación con el de tus competidores.
- ✓ **Estilo de Vida** – en muchos casos el estilo de vida del cliente potencial es un factor determinante.
- ✓ **Instantánea del comportamiento del cliente en la industria** – en este punto has de hacer un pequeño resumen de como el comportamiento de los consumidores están afectando a la industria. Deberás identificar si el comportamiento de los actuales clientes en la industria, en los últimos años, está resultando en un crecimiento de la industria. Yo te aconsejo que facilites la siguiente información.
    - o Promedio gastado por cliente por transacción.
    - o Promedio gastado por cliente al año.
    - o Crecimiento de la industria en términos de porcentaje.
    - o Crecimiento de la industria en términos de facturación.
    - o Crecimiento de la industria en el territorio de la actividad de negocio.
    - o Crecimiento esperado a corto medio y largo plazo.

4.1.2   Estrategia de Segmentación

En este punto segmenta los distintos tipos de clientes que puedas tener. Aunque pueda parecer que esto es lo mismo que lo que acabamos de hacer en el perfil del cliente, en este caso las subdivisiones han de ser más específicas. Estas subdivisiones son exclusivas para tu modelo de negocio o industria y no deben de ser categorías estándar. Es más, yo te aconsejo que las subdivisiones que hagas sean muy personalizadas, ya que demuestra tu compresión. Algunas de las subdivisiones para un restaurante italiano en el centro de una ciudad podrían ser las siguientes.

- ✓ **Divisiones generacionales.** (18-35, 36-45, 45- mas)
- ✓ **Turistas.**
- ✓ **Inmigrantes Italianos viviendo en la zona.**
- ✓ **Estudiantes universitarios** (en el caso de que enfoques tus acciones de marketing a ese grupo)
- ✓ **Oficinistas** (en el caso de que haya muchas oficinas por la zona).

Como ya he dicho debes de hacer las subdivisiones lo más específicas posibles. Esto también te permitirá establecer las necesidades y los deseos de cada uno de los tipos de clientes potenciales, que a su vez, facilitará la identificación de las acciones a tomar para cada grupo.

4.1.3 Investigación de Mercado

Investiga cómo ha evolucionado la industria a lo largo de los años, desde su inicio hasta tiempo presente. No hace falta que entres en mucho detalle a la hora de describir los inicios. Personalmente pienso que debes enfocarte en explicar, como mucho, la tendencia del mercado en los últimos 10 a 5 años. Yo daría datos de las actuales empresas en el sector, como su crecimiento y la dirección que han tomado en términos de calidad, conciencia ambiental y las materias primas. Si en la industria que estas que intentado penetrar hay grandes empresas te aconsejo que las observes con detenimiento, ya son las primeras en identificar los cambios de tendencia. En el caso de que tu empresa esté enfocada a un nicho de mercado no es necesario hacer esto, porque las grandes empresas enfocan sus actividades a la mayor base de clientes posibles y tú quieres atraer a una base de clientes muy específica. Pero sin duda que te ayudara a diferenciarte de las grandes empresas.

4.1.4 PESTEL

Este puede ser uno de los pasos más importantes. En este punto deberás de investigar los factores Políticos, Económicos, Sociales, Tecnológicos, Ambiental y Legales (Political, Economic, Social, Technological, Environmental & Legal factors en inglés) con respecto a tu modelo de negocio. Para que tus conclusiones sean precisas asegúrate de que usas fuentes de información fiables y que estén lo más actualizadas posibles.

Ámbito Político

Tomar en cuenta el ámbito político de un país o región es crucial para cualquiera quiera establecer un negocio. Es importante que des información del estado político de la región ya sea el país, comunidad autónoma o estado y comunidad política (como la Unión Europea). Estudiar el partido político en poder y las políticas que han tomado es realmente importante, porque toman decisiones que te afectarán a ti y a tu modelo de negocio. También es necesario que des información de cómo te afecta a ti del IVA (el IVA no suele ser el mismo para todos los tipos de productos) y el impuesto de sociedades en las regiones en las que vayas a estar presente.

Si deseas ir un paso más allá te recomiendo que compares la economía del país con la de otros países. Para hacer esto es recomendable usar el Informe de Competitividad Global (The Global Competitiveness Report). En el informe podrás encontrar información acerca de las economías más competitivas, más avanzadas, las que tienen más impuestos, acceso a financiación, infraestructura, corrupción e innovación, entre muchos otros parámetros. Toma en cuenta las tendencias que han tenido lugar durante los últimos años, para así ver la dirección que han tomado. Esto también te permite ver los puntos fuertes y débiles de cada economía.

Ámbito Económico

La economía funciona por ciclos económicos. Los ciclos económicos son oscilaciones de actividad en una economía en las que a una fase de expansión le sigue otra de contracción, seguida de otro periodo de expansión y así sucesivamente. Es importante saber identificar el ciclo en el que se encuentra en el país en el que vas a establecer tu negocio. Nadie sabe realmente cuando se pasa de un ciclo a otro, pero estudiar el crecimiento de un mercado te ayudará a establecer si el momento, de poner un negocio, es oportuno.

Por otra parte, también debes tomar en cuenta las políticas económicas en vigor, factores económicos de cada país (PIB, deuda pública, IPC, etc.), tipos de interés e inflación, entre otros.

Además de esto, puedes acceder al Informe de Competitividad Global, como ya hiciste antes, y comparar el país en el que quieres establecerte con otros de características similares.

Factores Socio-culturales

Estudiar el comportamiento social es realmente importante. Normalmente, las masas siguen tendencias que están claramente definidas, poder identificarlas te podría suponer la diferencia entre el éxito y el fracaso. Debes de identificar los cambios de tendencia, modas y gustos. Estos cambios supondrán cambios de consumo de un producto. Poder identificar estos cambios en las necesidades, rápidamente, te permitirá satisfacer las necesidades del mercado en el momento de auge. Además de esto, tendrás que dar datos numéricos acerca de la población de la región, como el número de habitantes en la zona, número de visitantes al año, transeúntes de la calle en la que te quieres establecer. En definitiva, el objetivo es ver el flujo de personas de tu zona de influencia y los posibles gustos que pueda tener estas. Estos datos se suelen encontrar en las páginas web gubernamentales dedicadas a estadísticas.

Ámbito Tecnológico

Este punto puede ser algo complicado de desarrollar. En lo que a lo tecnológico se refiere unas industrias son más afectadas que otras. Por eso es importante que identifiques qué tecnología puede ser útil para tu empresa. Deberás identificar los avances tecnológicos en la industria y describir como los va a usar para beneficio propio. Si el avance tecnológico proviene de tu mano, es importante que te pongas en la piel del consumidor y que describas de qué manera se van a beneficiar tus posibles clientes.

Asimismo, en el caso de que tu mercado objetivo vaya a necesitar entrar en contacto con tus avances tecnológicos, es importante que investigues su capacidad para adaptarse a tales cambios. En el Informe de Competitividad Global puedes encontrar datos como la madurez tecnológica, uso de tecnología y adopción de las nuevas tecnologías.

Factores Ecológicos (Medioambientales)

Los gobiernos de los países desarrollados continuamente cambian leyes y se embarcan nuevas iniciativas para reducir el impacto del Ser Humano en el medioambiente. Por lo tanto, en este punto deberás de identificar aquellas leyes de protección medioambiental y reciclaje de residuos que te puedan afectar. Es importante que también reconozcas y predigas los cambios que te puedan afectar en el futuro, para poder prevenir los posibles gastos que conlleven.

En el caso de que utilices materiales respetuosos con el medio ambiente o que vayas a realizar alguna acción para ayudar a conservar el planeta, es importante que des datos acerca de eso. Aparte de esto, dar tu opinión en el tema también te ayudara a exponer tu implicación con la mejora del medioambiente.

Factores Legales

Este es el último punto que abordaremos en el análisis PESTEL, pero es uno de los más importantes. Una ley puede ser la diferencia en que tu negocio sea posible o sea inviable. Por eso es importante que investigues e identifiques las leyes que rigen la industria. En algunos casos hay dos tipos de leyes, las de estado y las regionales. Estas pueden variar entre regiones, por eso es importante que las identifiques.

Normalmente en todo negocio es necesario tener ciertos documentos. Estos pueden ser contratos, licencias, registros de personal, informes de calidad e incluso libro de visitas. Esto puede llegar a ser muy específico para cada industria y deberás de asegurarte de que sabes todos los documentos que tienes que tener en vigor y en posesión.

Además de saber tener constancia de la documentación necesaria, es recomendable que establezcas una guía de los pasos a necesarios para establecer la empresa desde la firma de la escritura pública de la Constitución de la Sociedad ante notario hasta el registro de patentes y marcas. Este último paso te permitirá prever los gastos implicados, y lo podrás hacer más adelante si lo prefiere.

4.2 Proposición de Valor

4.2.1 Descripción de las Necesidades – *Características de los valores clave demandados, situación general y cómo se han de cumplir*

En este punto deberás señalar las necesidades clave que has detectado en el mercado y que tú vas a satisfacer. Has de entrar en detalle a la hora de explicarlas, para que el lector de tu plan de negocios entienda como han surgido, y los pasos que vas a tomar para asegurarte de que las satisfaces. A ser posible compara tu modelo de negocio al de otra empresa comparable en el sector, para así describir las diferencias.

4.2.2 Análisis del Entorno Competitivo

En este punto empezamos a estudiar y a categorizar la competencia. El propósito de esto es establecer diferencias entre tu negocio y tu competencia, para así ver tu proposición de valor real. Pero antes de continuar vamos a definir a un competidor. En los negocios, un competidor es una empresa de la misma industria que ofrece un producto o servicio similar. Los competidores se clasifican en dos categorías, los *competidores directos* y los *competidores indirectos*.

Competidores Directos

Un competidor directo es aquel que ofrece un producto o servicio prácticamente idéntico al tuyo, dentro del mismo mercado. Ahora, debemos de tener en cuenta que aunque un McDonald's y una hamburguesería venden el "mismo" producto hay claras diferencias. Un vende hamburguesas a 1 € y el otro no bajará de 10 €. Son competidores directos, pero ofrecen valores distintos. Teniendo esto en cuenta, deberás identificar los diferentes competidores directos, a ser posible los más influyentes de la zona o los que te puedan afectar más notablemente. Tienes que asegurarte de que entiendes muy bien su modelo de negocio para poder identificar las diferencias, por pequeñas y exclusivas que sean, que hay entre tú modelo y el de ellos. Puedes tomar en cuenta los controles de calidad, el precio, la materia prima, la imagen corporativa, el pensamiento general de los consumidores y el proceso de fabricación, entre muchos otros. Es importante destacar que a la hora de comparar precios con tus competidores es necesario que uses una unidad de magnitud comparable para que la comparación sea lo más precisa posible (utiliza los productos que más se parezcan el uno al otro).

Las diferencias deben de estar claramente definidas. Al ofrecer el mismo producto que tú puede llegar a ser difícil para el consumidor ver las diferencias. Si haces esto, el lector de tu plan de negocios también sentirá que tú tienes un amplio entendimiento del sector y no dará lugar a ninguna duda de que puede confiar en tu criterio.

Competidores Indirectos

El proceso es el mismo que en el punto anterior, pero teniendo en cuenta únicamente a los competidores indirectos. Un competidor indirecto será es aquel que venden un producto diferente al tuyo pero que satisface la misma necesidad. Si fueras a poner una hamburguesería un competidor indirecto sería una pizzería, u otro restaurante distinto a una hamburguesería. Puede que haya muchas empresas que satisfagan las mismas necesidades que tú. Si es así, toma en cuenta solo a los más influyentes y a los más cercanos, ya que estos serán los que os puedan quitar más negocio.

4.2.3 Competencias Fundamentales

Las competencias fundamentales son las ventajas estratégicas que te permiten ser competitivo en el mercado. Es lo que hace a la empresa y en lo que se basa. Normalmente, para poder proporcionar ventajas estratégicas, estas competencias no son replicadas fácilmente. Estas pueden ser conocimientos, procesos de fabricación y materiales, entre otros. Esto nos permite identificar las:

- ✓ Ventajas competitivas.
- ✓ Estrategias a considerar.
- ✓ Posicionamiento estratégico.

} Estas las veremos más a fondo en la siguiente sección.

4.3 Herramientas Estratégicas

Es importante estudiar el modelo de negocio desde un punto de vista estratégico. Para ello veremos diferentes herramientas estratégicas que te ayudarán a posicionar más fácilmente el producto o servicio que ofrezcas.

4.3.1 Cadena de Valor de Michael Porter

Esta herramienta es particularmente útil para establecer e identificar la diferentes acciones necesarias a llevar acabo para que la actividad de negocio sea lo más eficiente posible. La ilustración inferior es la Cadena de Valor de Michael Porter.

Ilustración 2 – Cadena de Valor de Michael Porter

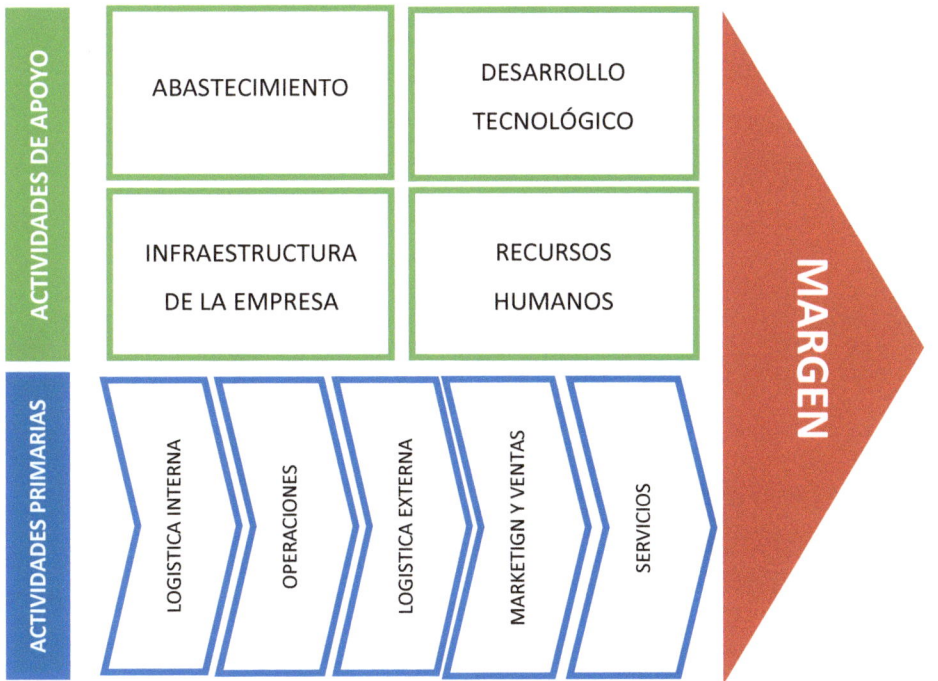

Como podéis observar la Cadena de Valor está dividida en tres grupos, las actividades de apoyo, las actividades primarias y el margen. Las actividades de apoyo y las actividades primarias tienen subdivisiones que explicare a continuación. El margen es el beneficio que estas actividades crean.

Las actividades primarias están relacionadas directamente con el Producto Final Valioso y están compuesta de las subactividades a continuación:

Logística Interna

Este punto está relacionado con el movimiento de las materias primas dentro de la empresa. Debes de identificar como vas a conservar y almacenar la materia prima, de qué manera vas a controlar el nivel de las existencias y los procedimientos a la hora de manipular la materia prima. En el caso de que tu empresa venda un servicio tendrás que explicar de qué manera fluirán las comunicaciones entre departamentos, al igual que los datos de los clientes.

Operaciones

En el caso de que la producción de tu producto sea de producción interna has de describir los pasos a seguir a la hora de producir tu Producto Final Valioso. Esto será exclusivo y específico para tu empresa. No es necesario dar los detalles específicos que te diferencian de la competencia, con enumerar y dar una breve explicación de los pasos es suficiente. Puedes explicar el orden los procesos de preparación de la materia prima, la fabricación, ensamblaje y el control de calidad.

Logística Externa

Es importante que las actividades necesarias para entregar el producto al consumidor estén bien definidas. Debes de tener muy claros los pasos a llevar a cabo desde que se procesa un pedido hasta que le llega al cliente. Esto puede incluir la comunicación con el cliente durante la transacción, al igual que la organización y definición de cada función del personal durante la entrega.

Marketing y Ventas

Esto está relacionado con las comunicaciones que hay entre el cliente y la empresa. Ante todo, la empresa debe saber las necesidades y demandas de los clientes. Por eso es necesario que establezcas como reunir esa información, ya sea por encuestas u otra vía. Debes de dar información acerca de tus estrategias de marketing basadas en la información recopilada, y como estas te ayudarán a aumentar las ventas. Aunque más adelante entraremos en más detalle, es necesario que también expliques brevemente el razonamiento detrás de las políticas de precios.

Servicios

Estos son los servicios post-venta. Hoy en día el servicio post-venta es muy importante. Has de establecer acciones a realizar para mantener la lealtad del cliente. Hacer que tu cliente se sienta querido por ti hará que no vaya a la competencia y también atraerá a nuevos clientes. Cuanto más personalizable puedas hacer este servicio más satisfactorio y más exitoso serás. No solo por el hecho de que mantendrás más contentos con tus clientes, sino que también obtendrás, como resultado, una buena relación con ellos. Para ello, es necesario que tengas una buena base de datos con toda la información que puedas recopilar de cada cliente y así conocer sus gustos. Al identificar dichas necesidades podrás producir una mejor pieza de marketing.

Las actividades de apoyo son aquellas que facilitan y hacen que las actividades primarias se realicen con mayor eficacia. Estas están compuestas por las siguientes subactividades:

Abastecimiento

Esto es todo lo relacionado con las acciones llevadas a cabo con la materia prima. Debes de explicar las relaciones que tienes con los proveedores, los planes a futuro con cada uno de ellos y la posibilidad de renegociar precios. Debes de dar detalles de las políticas de compras, en términos de que materiales a comprar y de los términos de recompra según el stock. Para ello debes tener un buen control de stock, estableciendo niveles mínimos y máximos, para asegurarte de que tienes el stock adecuado. De esta manera evitar tener un sobre stock, al igual que evitar tener demasiado poco stock. El escenario ideal es que tengas suficiente para que puedas satisfacer la demanda de ese momento, y así no tener demasiado dinero invertido en stock. Por ejemplo, en una tienda de ropa suelen tener mayor stock durante las rebajas, porque suele haber mayor número de ventas.

Desarrollo Tecnológico

En este punto deberás nombrar los distintos programas informáticos que vas a utilizar. Estos pueden ser programas de contabilidad, de control de stock, de punto de venta e incluso las redes sociales. No hace falta que entres en mucho detalle ya que más adelante tendrás ocasión de explicar cada uno más a fondo.

Recursos Humanos

Tener una política de contratación bien definida es crucial para que no haya gran rotación de personal. Es recomendable que brevemente plantees como vas a abordar la contratación de nuevo personal, políticas de salarios y remuneración, la estructura organizacional y el entrenamiento.

Infraestructura de la Empresa

Con infraestructura de la empresa me refiero a de qué forma tu empresa va lidiar con temas como la financiación, la representación legal, la contabilidad, la gestión de la empresa y el planeamiento estratégico. Todas estas actividades establecen el funcionamiento general de la empresa y ayudan a que las actividades primarias se lleven a cabo con mayor eficiencia.

4.3.2 Análisis DAFO

Realizar un análisis interno y externo puede ser muy beneficioso a la hora de montar cualquier negocio. Te da la oportunidad de ver en qué áreas basar tu negocio y en que otras áreas has de mejorar. Para ello utilizamos el análisis DAFO. El análisis consiste en cuatro partes en las que enumeras las *Debilidades, Amenazas, Fortalezas* y *Oportunidades*. Las debilidades y las fortalezas forman parte del análisis interno. Por otro lado, las amenazas y las oportunidades son parte del análisis externo.

Ilustración 3 – Análisis DAFO

4.3.3 Matriz BCG

La matriz de Boston Consulting Group (BCG) es una herramienta, fácil de utilizar, que te ayudará posicionar estratégicamente tus productos en el mercado. Normalmente se usa como punto de partida para un análisis más exhaustivo. Al ser tu empresa una start-up no habrás empezado a vender tus productos, por lo tanto es difícil categorizarles. Para hacerte una idea de donde categorizar tu producto estudia en el mercado y prevé en que categoría caerán. La Matriz BCG está formada por cuatro partes distintas, que puedes ver en la parte inferior.

Ilustración 3 – Matriz BCG (Boston Consulting Group)

Estrella

Los productos estrellas se caracterizan por el crecimiento que experimentan y la elevada cuota de mercado que tiene. Son productos que generan gran efectivo, si se invierte en él. Las empresas deberían enfocar sus inversiones en este tipo de productos. Los productos estrellas pueden llegar a convertirse en perros una vez que el crecimiento cesa. Por ello, en industrias donde los avances tecnológicos son continuos las estrellas desaparecen y dan lugar a nuevas evoluciones del producto, que se vuelven a convertir en estrellas.

Interrogante

Los interrogantes son característicos por su baja cuota de mercado, pero con gran potencial de crecimiento. Este crecimiento va seguido de una gran inversión, lo cual no significa que vaya generar beneficios. Tiene el potencial de ganar cuota de mercado y convertirse en estrella. Pero no siempre tiene éxito y también puede acabar en perro. Debido a esto es necesario considerar su viabilidad a la hora de hacer una inversión.

Vaca

Los productos vaca son los más rentables. No es necesario realizar grandes inversiones para que generen dinero. Es más no se debe seguir invirtiendo para prolongar su crecimiento, solo se debe mantener su cuota de mercado. Es aconsejable que parte del dinero recaudado se utilice para invertir en los productos estrellas. Los productos vaca al final puede convertirse en perros o, con una evolución, volverse estrellas otra vez.

Perro

Estos productos tienen una baja cuota de mercado. El mercado no suele tener crecimiento alguno. Normalmente, genera pérdidas y no merece la pena invertir en ellos. Por lo tanto, la mejor opción suele ser deshacerse de ellos. A veces pueden ser útiles por las sinergias que puedan crear con otras empresas, pero esto suele ser solo en grandes compañías.

4.4 Fuentes de Ingresos

Este punto está destinado para mencionar los ingresos a corto y medio plazo.

4.5 Estrategia y Crecimiento Empresarial

En este punto debes describir las distintas estrategias de negocio destinadas a aumentar el crecimiento a corto, medio y largo plazo.

5 Marketing

Esta sección está destinada al diseño de las estrategias relacionadas con la venta de los productos de la empresa. Una de las herramientas más conocidas es el Marketing Mix, en el cual se ven variables como el producto, precio, distribución y promoción, pero nosotros iremos un paso más allá. A continuación veremos los diferentes puntos a tomar en cuenta

5.1 Innovación

Como ya vimos anteriormente, hoy en día la innovación, tome la forma que tome, es extremadamente importante para ser competitivo. Aunque tus recursos sean limitados, es necesario que descubras maneras de realizar innovación continua por insignificante que pueda parecer. Las empresas crecen, se expanden y se mantienen exitosas gracias a la evolución e innovación constante. No hay nada en este mundo que se mantenga en el mismo estado, tu empresa no va a ser la excepción. Entonces, en esta sección debes de describir con gran detalle la parte innovadora de tu modelo de negocio y de qué manera puedes conseguir innovación continua.

5.2 Estrategia de Marketing

Debes pensar cómo vas a atraer a tus clientes. En muchos casos puede ser bastante difícil de realizar y de implementar. Esto suele ser por falta de datos acerca de los clientes. Lo primero que debes hacer es recolectar toda la información que puedas para conocer mejor a tu cliente, asegúrate de que la fuente es fiable. Después de reunir los datos necesarios puedes investigar los distintos modelos de marketing. Yo personalmente te recomiendo que consultes El Modelo del Circulo Dorado (The Golden Circle) de Simon Sinek. El describe la filosofía que usan muchas de las grandes empresas para atraer a sus clientes. Teniendo información de tus clientes puedes crear piezas de marketing con promociones dirigidas a tus clientes objetivos para atraerlos.

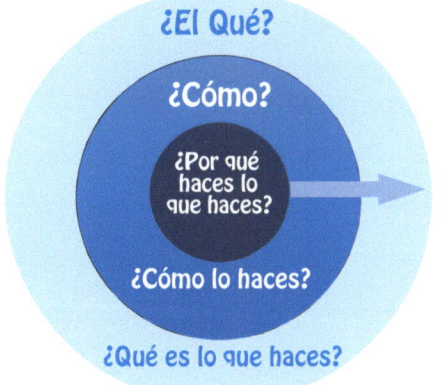

Ilustración 4 - Modelo del Circulo Dorado (The Golden Circle) de Simon Sinek

Asimismo, es necesario que pienses en posibles alianzas estratégicas que puedan crear sinergias y aumentar la envergadura de la actividad empresarial. Como mencionado anteriormente, tener un buen sistema de CRM es vital para evolucionar tus estrategias. Hay muchos programas informáticos para asistirte en este arduo proceso, como Oracle o Microsoft Dynamics CRM. Dar datos de cómo lograrás esto, te ayudara a implementarlo mejor.

5.3 Marketing mix

Esta es una de las herramientas más conocidas en el mundo del marketing. El Marketing Mix está compuesto de cuatro variables: producto, precio, distribución y promoción/comunicación.

Ilustración 5 - Marketing Mix

5.3.1 Producto

El producto o servicio es aquello que la empresa comercializa, para satisfacer las necesidades de los clientes. Debido a esto, a la hora de describir el producto, es extremadamente importante concentrar tus esfuerzos en transmitir como va a resolver tú producto las necesidades de los consumidores. Describe como les hará sentir y lo que tú producto va a hacer por ellos. Muchas veces no es necesario describir las características del producto porque el público en general no entiende de especificaciones. Solo quieren que les soluciones su problema

También es necesario que describas las razones detrás de la imagen, la marca, el empaquetamiento y toda la imagen en general. Asimismo, utilizando las estrategias establecidas previamente describe de qué manera te ayudará cada producto de forma estratégica.

5.3.2 Precio

El precio puede ser algo muy sensible y por ello antes de establecer un precio es necesario estudiar los costes, el mercado, la competencia y al consumidor. Utiliza la información que conseguiste en secciones anteriores para estimar el precio adecuado. El precio será un indicador de la estrategia detrás de tu producto o servicio, así que asegúrate de que va en concordancia con ella.

Teniendo todo esto en cuenta, debes de realizar un desglose de la composición del precio. Debes de indicar lo que te va a costar el producto, o entregar el servicio. Para ello no solo has de tener en cuenta el coste de la materia prima, también has de tomar en cuenta la mano de obra o coste de personal y el porte. Una vez que sabes lo que te cuesta debes de decidir que método vas a usar para establecer el precio. Hay muchas maneras de establecer el precio. Yo recomiendo que uses el método del Mark up, siempre que vaya acorde con los precios de mercado. En el caso de que tu cliente sea un distribuidor tendrás que calcular un precio para el distribuidor y luego recomendar un precio de venta al público. Además de esto, también has de tomar en cuenta el IVA al que está sujeto tu producto o servicio. Esto aumentará el precio final del producto y debes de asegurarte de que no incrementa demasiado el precio. De esta manera te aseguras de que no estas comercializando por debajo de tus posibilidades y de que ganarás dinero.

5.3.3 Distribución

La distribución de un producto consiste en las acciones necesarias para que al cliente, ya sea un punto de venta o el cliente final, le llegue el producto en buen estado. Asegurarse de que los canales de distribución están bien establecidos es imprescindible. Hoy en día, a la mayoría de la gente no le gusta esperar. Por lo tanto, tener un canal de distribución rápido y efectivo te dará una gran ventaja sobre tus competidores. Por ello, necesitarás tomar en cuenta el almacenamiento, gestión de inventarios, transporte, puntos de venta, procesos de pedido y en el caso de que sea un servicio, la entrega del mismo.

Si vendes a pie de calle, una buena localización del negocio es crucial. Para ello utiliza la información que reuniste anteriormente e intenta posicionarte cerca de tu cliente objetivo. Si estás cerca de ellos y te das a conocer adecuadamente, esto aumentará exponencialmente tus probabilidades de éxito. Por lo tanto, justifica la decisión que tomaste al escoger la localización.

Ilustración 6 – Posible cuota de Mercado de restaurante en Madrid

Una buena herramienta para ver tu posible cuota de mercado es utilizar el método del funnel de ventas (embudo de ventas). Este método consiste en ir descartando personas a las que no podemos alcanzar. Puedes ver un ejemplo de esto en la ilustración 6, en la cual he calculado rápidamente la posible cuota de mercado para un restaurante mexicano en la Calle Gran Vía de Madrid. Para ello he tomado en cuenta datos como la cantidad de mexicanos en Madrid, la edad de público objetivo, y el tránsito. Poco a poco se descarta el número de personas que no estará dentro de tu público objetivo hasta llegar a tu posible cuota de mercado. Puede parecer difícil pero utilizando los datos recopilados en la parte de investigación de mercado esto será más fácil, su precisión dependerá de la fiabilidad de esa información.

5.3.4 Promoción / Comunicación

Esta es la forma que usan las empresas para dar a conocer sus productos. El objetivo de esto es transmitir las necesidades que vas a cubrir. Para ello como ya señalé anteriormente es necesario conocer a tu público objetivo. Además de esto, debes de establecer los distintos canales de promoción. Puedes optar por el boca a boca, publicidad en forma de octavillas, redes sociales, anuncios en internet y marketing directo, entre otros. Dependiendo de la naturaleza del producto o servicio será más adecuado utilizar uno u otro.

5.4 Plan de Ventas Detallado

Sé que puede ser difícil estimar de manera precisa las posibles ventas que vas a tener en el futuro. Para poder hacerlo es necesario utilizar la posible cuota de mercado que calculaste anteriormente.

A la hora de realizar un plan de ventas se suelen tomar en cuenta tres escenarios diferentes: el escenario optimista, el neutro o más probable y, por último, el pesimista. Dependiendo de la naturaleza del negocio tendrás más semanas de un tipo que de otra. Por ejemplo, en un hotel en la costa los meses de verano serán los optimistas, los de invierno pueden ser los pesimistas y lo meses entremedias serán los neutros. Yo recomiendo hacer el plan de venta por semanas, ya que son más fáciles asignar a lo largo de un año.

Normalmente, en todo negocio hay un límite de oferta que puedes proveer. Es decir, todo negocio tiene un límite a la hora de producir un producto o entregar un servicio. Si estuvieses produciendo todo lo que puedes, estarías al 100% de tu producción. En la siguiente tabla he continuado con el ejemplo del restaurante en la Calle Gran Vía, en la cual os doy un ejemplo de una semana optimista. Como podéis observar en la tabla se pueden ver las horas de apertura y de cierre. Las horas de apertura están en tres divisiones: la optimista, neutra y pesimista. Dentro de cada franja horaria se puede ver la previsión de la producción, o en este caso del aforo ocupado.

Escenario Optimista – Semana de ventas elevadas (% de ocupación de un aforo de 60 personas)

	Lunes	Martes	Miércoles	Jueves	Viernes	Sábado	Domingo	
								0-20%
11:00	10%	10%	10%	10%	10%	10%	Cerrado	21%-40
12:00	10%	10%	10%	10%	10%	10%	15%	>41
13:00	30%	30%	30%	50%	50%	50%	40%	
14:00	45%	45%	45%	55%	55%	60%	40%	
15:00	30%	30%	30%	50%	50%	50%	35%	
16:00	10%	10%	10%	15%	15%	15%	15%	
17:00	15%	15%	15%	15%	15%	15%	15%	
18:00	15%	15%	15%	15%	15%	15%	15%	
19:00	15%	15%	15%	15%	15%	15%	15%	
20:00	30%	30%	30%	50%	60%	60%	35%	
21:00	45%	45%	45%	55%	65%	65%	35%	
22:00	45%	45%	45%	60%	75%	75%	35%	
23:00	10%	10%	10%	60%	65%	65%	15%	
0:00	Cerrado	Cerrado	Cerrado	45%	45%	45%	Cerrado	
1:00	Cerrado	Cerrado	Cerrado	20%	20%	20%	Cerrado	
2:00	Cerrado	Cerrado	Cerrado	Cerrado	Cerrado	Cerrado	Cerrado	

Una vez que has previsto la ocupación que puedes llegar tener, prever las ventas es más fácilmente. Solo tienes que multiplicar el porcentaje de cada franja horaria que estimaste por el aforo del establecimiento que tienes. Esto se traducirá en unidades vendidas.

Escenario Optimista – Basado en una semana de ventas elevadas (en unidades vendidas)

	Lunes	Martes	Miércoles	Jueves	Viernes	Sábado	Domingo	0-20%
11:00	5	5	5	5	5	5	Cerrado	21%-40
12:00	5	5	5	5	5	5	7,5	>41
13:00	15	15	15	25	25	25	20	
14:00	22,5	22,5	22,5	27,5	27,5	30	20	
15:00	15	15	15	25	25	25	17,5	
16:00	5	5	5	7,5	7,5	7,5	7,5	
17:00	7,5	7,5	7,5	7,5	7,5	7,5	7,5	
18:00	7,5	7,5	7,5	7,5	7,5	7,5	7,5	
19:00	7,5	7,5	7,5	7,5	7,5	7,5	7,5	
20:00	15	15	15	25	30	30	17,5	
21:00	22,5	22,5	22,5	27,5	32,5	32,5	17,5	
22:00	22,5	22,5	22,5	30	37,5	37,5	17,5	
23:00	5	5	5	30	32,5	32,5	7,5	
0:00	Cerrado	Cerrado	Cerrado	22,5	22,5	22,5	Cerrado	
1:00	Cerrado	Cerrado	Cerrado	10	10	10	Cerrado	
2:00	Cerrado	Cerrado	Cerrado	Cerrado	Cerrado	Cerrado	Cerrado	

Lo siguiente es hacer una estimación del ticket medio de cada transacción que realices, en términos de dinero. Esto luego lo multiplicas por las unidades totales vendidas y tienes un plan detallado de ventas en términos de ocupación, unidades vendidas y en términos de facturación total.

6 Operaciones de Cadena de Suministro

Esta sección está dedicada a la planificación de la producción y entrega de tu PFV. Es sumamente importante que la cadena de suministro este muy clara, para que a la hora de entregar el producto o el servicio el cliente quede satisfecho y para tener una garantía de calidad. Para ello miraremos los siguientes puntos.

6.1 Identificación del Proceso de la Cadena de Suministro

Para muchas empresas la cadena de suministro se puede representar de la forma siguiente.

Sin embargo, puede que en tu caso sea diferente, sobre todo si tu empresa pertenece al sector terciario. Para asegurarte de que tu cadena de suministro está bien diseñada vamos paso por paso.

Materia Prima

Debes de asegúrate de que la materia prima va en concordancia con tu proposición de valor. Si tú ofreces un producto de gama alta y de calidad debes asegurarte de que la materia prima es la mejor.

Producción

A la hora de producir cualquier cosa, es necesario que describas casa paso. Esto te permitirá asegurar que todas las unidades producidas sean idénticas y poder proporcionar una garantía de calidad. Además de esto, te será más fácil entrenar al personal.

Transporte y Logística

Poder transportar tu producto a los distribuidores o a los clientes finales de forma rápida y eficiente es crucial. En el caso de que tengas muchos pedidos, tener una guía en la que se especifica cada paso te ayudara a minimizar posibles errores en los envíos.

Distribución

En el caso de que tu negocio sea B2C y no necesites distribuidor este punto te lo puedes saltar. Si, por el contrario, dependes de distribuidores es necesario que estudies los distintos canales de distribución. Es crucial que sepas la cuota de mercado que alcanza el distribuidor, ya que esto aumentará tus posibilidades de venta. Deberás dar razones por las que escoges a esos distribuidores y lo que conlleva colaborar con ellos.

- ✓ *Comercio Electrónico* – en el caso de que tengas un comercio electrónico y vendas directamente al consumidor, tener un canal de distribución eficiente es crucial. Los clientes querrán recibir su producto lo antes posible y en las mejores condiciones posibles. Por ello estudia bien las diferentes empresas de logística y averigua cual es la que más te beneficia.

Venta

Dependiendo de quién sea tu cliente deberás de tener una estrategia u otra. Tendrás que calcular un precio para los distribuidores y el PVP. En algunos casos también te pedirán descuentos por realizar compras por rapel, por lo tanto, debes calcular los posibles descuentos que puedes ofrecer. Dependiendo de la naturaleza de la venta puede que sea necesario describir el proceso de venta. En el caso de que el producto o servicio que vendas sea muy personalizado, lo más seguro es que sea necesario establecer un protocolo que todo vendedor siga, para que la experiencia del proceso de venta se estandarice.

6.2   Externalización vs Personal Fijo vs Operaciones Internas

En muchas empresas externalizar un servicio es necesario. Esto ocurre especialmente en el caso de las PYMES, normalmente con el crecimiento esas operaciones se internalizan. Al inicio de cualquier empresa la posibilidad o necesidad de contratar personal fijo es limitada. Esto es debido a la escasez de recurso y el bajo volumen de trabajo en ciertas áreas. Por ello es posible que en las primeras etapas te compense contratar los servicios de una gestoría para que te ayude con temas como los fiscales, contables y laborales.

En el caso de que externalices parte de la producción de tu PFV debes de describir las razones para ello, al igual que dar detalles de los pros y los contras. Asegurarse de que la externalización de una actividad no perjudique la calidad de tu producto o servicio es crucial. Para ello investiga a fondo como te pueden ayudar y asegúrate de que realmente te beneficia.

6.3 Estructura de Gastos, Gastos de Bienes Vendidos y Gastos Operacionales

Para poder saber exactamente que te cuesta producir o entregar un producto deberás realizar una estructura de gastos. Esto se divide en dos: los gastos de bienes vendidos (COGS) y los gastos operacionales.

6.3.1 Coste de Bienes Vendidos (COGS, del inglés Cost of Goods Sold)

Calcular exactamente la cantidad y el coste de los componentes para producir tu PFV es crucial para estandarizar el producto, y así saber exactamente lo que te cuesta. Si no sabes lo que te cuesta producir tu producto, lo más probable es que acabes perdiendo dinero.

Una vez que tienes el coste por unidad total puedes combinar estos datos con los planes de ventas (en unidades) y hacer una previsión de gastos.

6.3.2 Gastos Operacionales

En esta categoría entran gastos como la luz, agua, teléfono, servicios de gestoría. Realizar un cálculo preciso es difícil, pero intenta realizar una aproximación y tendrás los gastos totales. Estos añádelos a la previsión de gastos anual. Más adelante los veremos con más detenimiento.

6.4 Niveles de Existencias

Tener un sistema de control de stock es crucial para no tener demasiado dinero invertido en existencias, que pueden llegar a permanecer en las estanterías de tu almacén mucho tiempo. Para ello establece niveles máximos y unos mínimos, dando las razones por las que has establecido estos niveles. Factores como el tiempo que tarda el proveedor en suministrar, fecha de caducidad, el volumen estimado de venta y el tiempo de producción afectarán en gran medida al nivel mínimo requerido de existencias.

Ilustración 5 - Proceso de actualización de stock

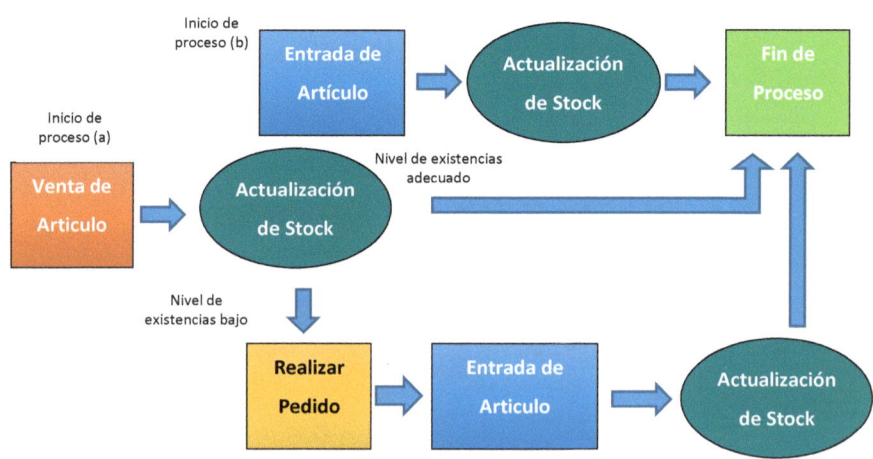

En el caso de que envíes productos a tus clientes también debes de explicar cómo se conecta el sistema de control de stock con el punto de venta. Hay muchos sistemas de control de existencias, por lo tanto, es conveniente que compares unos cuantos y que des las razones por las que te decidiste por el que escogiste.

6.5 Garantía de Calidad

En todo proceso de fabricación y de entrega de servicio debe haber garantía de calidad. En el caso de que ofrezcas un servicio, establecer cierto protocolo a la hora de interactuar con el cliente es crucial para asegurar un servicio de calidad. Por ello instruir a tus empleados es necesario.

Para los que fabrican su producto, los controles de calidad se deben de establecer en las partes más cruciales de proceso de fabricación y en su finalización. Si eres un distribuidor tendrás que revisar las unidades antes de venderlas, para así poder devolvérselas al fabricante en el caso de que estén dañadas.

Esto puede parecer algo caro al principio, pero en el futuro te ahorrara muchos problemas y a la larga será más barato.

7 Recursos Humanos

7.1 Estructura Organizativa

Tener una estructura organizativa bien definida hará que tu empresa funcione de la manera más eficiente posible. Para ello, lo primero que has de hacer es establecer los distintos puestos de trabajos o funciones que han de cubrirse. Un vez que tengas eso, calcula cuantas hora a la semana se necesitaran invertir en cada puesto. Para facilitar esto puedes crear un horario. En el ejemplo de abajo he hecho el horario que habría en una tienda pequeña de ropa.

Horario Semanal de un Tienda de Ropa				
Horario	Hora de Apertura	Apertura al Publico	Hora de Cierre	Cierre al Publico
Lunes	10:30	11:00	22:00	21:00
Martes	10:30	11:00	22:00	21:00
Miércoles	10:30	11:00	22:00	21:00
Jueves	10:30	11:00	2:30	21:30
Viernes	10:30	11:00	22:30	21:30
Sábado	10:30	11:00	22:30	21:30
Domingo	11:30	12:00	22:00	21:00

Esto es igual de útil para cualquier tipo de empresa, y en el caso de que el horario sea partido, indícalo.

Sí tu empresa tiene un departamento de cara al público siempre habrá horas puntas y horas muertas. Durante las horas muertas requerirás menos personal, por lo tanto debes de hacer otra tabla para indicar el número de empleados que estarán en su puesto a determinadas horas del día. En la parte inferior hay un ejemplo de esto.

	Personal Requerido por Semana						
	Lunes	Martes	Miércoles	Jueves	Viernes	Sábado	Domingo
10:00	0,5	0,5	0,5	0,5	0,5	0,5	Cerrado
11:00	1	1	1	1	2	2	0,5
12:00	1	1	1	1	2	2	2
13:00	2	2	2	2	2	2	2
14:00	2	2	2	2	2	2	2
15:00	2	2	2	2	2	2	2
16:00	1	1	1	2	2	2	2
17:00	1	1	1	1	1	1	1
18:00	1	1	1	1	1	1	1
19:00	1	1	1	2	2	2	2
20:00	2	2	2	4	4	4	2
21:00	2	2	2	4	4	4	2
22:00	2	2	2	4	4	4	2
23:00	2	2	2	4	4	4	2
0:00	0,5	0,5	0,5	2	2	2	0,5
1:00	Cerrado	Cerrado	Cerrado	2	2	2	Cerrado
2:00	Cerrado	Cerrado	Cerrado	0,5	0,5	0,5	Cerrado
3:00	Cerrado	Cerrado	Cerrado	Cerrado	Cerrado	Cerrado	Cerrado

Ahora ya sabes exactamente el personal que necesitas para las actividades primarias y las secundarias. Lo siguiente es hacer una tabla que resuma los empleados en los distintos departamentos. En la siguiente tabla seguiremos con el mismo ejemplo de las tienda.

				T0 (INICIO DE ACTIVIDAD)	T1	T2
Departamento	**Puesto**	**Empleado**	**Servicio Externo**			
Planta Mujeres	Encargado de Planta	X		1	1	1
	Dependiente	X		1	1	1
Planta Hombres	Encargado de Planta	X		1	1	1
	Dependiente	X		2	2	2
Financiero	Director Financiero	X		0,33*	0,33*	0,33*
	Contable	X		0,33*	0,33*	0,33*
Marketing	Encargado de Marketing	X		0,33*	0,66**	1
RRHH	Director de Recursos Humanos	X		0,33*	0,33*	0,33*
Operaciones	Director de Operaciones	X		0,66**	0,66**	0,66**
	Limpieza		X	N/A	N/A	N/A
Empleados Totales				7	7,33	7,66

*Solo se requiere una tercera parte de una jornada completa para llevar acabo la función en el puesto de trabajo
** Se requiere dos tercios de una jornada completa para llevar acabo la función en el puesto de trabajo

Una vez que tengas decidido el número de personas que tienes pensado contratar para cada una de las posiciones y departamentos, crea un organigrama detallado. Este organigrama dará información acerca del flujo de las comunicaciones en y quien carga con que responsabilidades.

7.2   Descripción Funcional de Puesto de Trabajo

El describir las funciones de cada puesto de trabajo es algo que muchos subestiman. Pero es una herramienta muy poderosa. Establece los límites y las responsabilidades de cada puesto de trabajo. Sé que puede tomar mucho tiempo, pero a la hora de instruir a alguien te ayudara mucho ya que solo tendrá que leer el documento que le des. Esto tiene otro uso, que es el de ver si tu futuro empleado es capaz de asumir sus responsabilidades y de entender rápidamente las necesidades de la empresa, sin que haya alguien detrás de él. La información que debes de incluir en la descripción de un puesto de trabajo es la siguiente:

- ✓ Nombre del puesto de trabajo.
- ✓ Breve descripción.
- ✓ Responsabilidades.
- ✓ Áreas de control.
- ✓ Subordinados.
- ✓ Conocimientos necesarios.
- ✓ Requisitos legales necesarios para el puesto.
- ✓ Horario.

7.3 Políticas de Recursos Humanos

Las políticas de recursos humanos definen la conducta, estableciendo normas y reglas, dentro de ámbito de trabajo. De esta forma, se logra mejorar las relaciones laborales, mejorar el desarrollo corporativo e incrementar la probabilidad de cumplir con los objetivos. Para ello, te doy los cuatro puntos claves que pienso que son necesario. Esto es solo mi recomendación, tú eres libre de añadir y eliminar lo que creas conveniente.

7.3.1 Reclutamiento y Selección

Para asegurarte de que tienes el mejor equipo posible será necesario que establezcas unas pauta y requisitos la hora de contratar a alguien. Debes de asegurarte de que cumplen los requisitos siguientes:

- ✓ Conocimientos necesarios.
- ✓ Experiencia (si lo requiere).
- ✓ Experiencia trabajando en grupo.
    - o Pregúntale como fue.
    - o Asegúrate de que tiene buenas habilidades comunicativas (dile que te hable de algo que le guste al candidato para ver como comunica).
    - o Habla de la situación política y de cómo le ha afectado a él, para así ver si es una persona positiva o negativa.
- ✓ Pregúntale al candidato acerca de su motivación para trabajar en tu empresa (si no tiene en mente crecer en tu empresa te aconsejo que busques a otro).

7.3.2   Evaluación de desempeño

Poder evaluar el rendimiento de tus empleados es necesario para asegurar la mayor productividad posible. Por lo tanto, debes de establecer un sistema de estadísticas para cada puesto de trabajo de manera que semana a semana se pueda ver la evolución, y de esa manera poder corregir o rectificar lo sea necesario. Muchas empresas no ven la importancia de llevar estadísticas en sus empresas, pero las estadísticas te dan conocimiento acerca del rendimiento para poder rectificar antes de que sea demasiado tarde. También te muestra lo que da resultados.

7.3.3   Conducta en el ámbito laboral

Establecer normas de conducta en el ámbito laboral es algo necesario. No todos se rigen por los mismos valores morales. Algunas de las normas que se pueden encontrar en la mayoría de las empresas van en relación a las siguientes actividades:

- ✓ Actividades ilegales.
- ✓ Utilización del leguaje.
- ✓ Alcohol.
- ✓ Fumar.
- ✓ Discriminación y acoso.
- ✓ Confidencialidad.
- ✓ Procedimiento en caso de enfermedad.
- ✓ Vestimenta.
- ✓ Medidas en caso de emergencia.

Cada empresa es libre de imponer el código de conducta que le parezca conveniente, pero debe asegurarse de que los empleados están conformes con ella. Los empleados deberán firmar un documento en el que aceptan las normas de conducta.

7.3.4   Remuneración

Establece de qué manera se determina la remuneración de los empleados ya sea por horas, proyectos o comisiones. Además de esto, también has determinar los criterios a la hora de conceder aumentos de sueldo, acceso a bonos y otras gratificaciones.

Lo siguiente es plasmar en una tabla los distintos puesto que tendrán que ser cubiertos y su remuneración.

Empleados	Salarios	Seguridad Social	T0 Total Mensual	T0 Total Anual	T1 Total Mensual	T1 Total Anual	T2 Total Mensual	T2 Total Anual
Director Financiero y Ejecutivo*	1,500 €	0€	1,386 €	18,018 €	1,427 €	18,558 €	1,470 €	19,114 €
Encargado de Marketing	1,050 €	336 €	1,386 €	18,018 €	1,427 €	18,558 €	1,470 €	19,114 €
Director de Operaciones	1,050 €	336 €	1,386 €	18,018 €	1,427 €	18,558 €	1,470 €	19,114 €
Encargado de Planta	1,050 €	336 €	1,386 €	18,018 €	1,427 €	18,558 €	1,470 €	19,114 €
Dependiente	1,050€	336 €	1,386 €	18,018 €	1,427 €	18,558 €	1,470 €	19,114 €
Dependiente	1,050 €	336 €	1,386 €	18,018 €	1,427 €	18,558 €	1,470 €	19,114 €
Dependiente	1,050 €	336 €	1,386 €	18,018 €	1,427 €	18,558 €	1,470 €	19,114 €
Dependiente	1,050 €	336 €	1,386 €	18,018 €	1,427 €	18,558 €	1,470 €	19,114 €

7.3.5 Gestión Corporativa

Esta sección describe el sistema o filosofía por el cual se regirá la empresa. Esta proporciona el marco para alcanzar los objetivos de una empresa, afectando directamente a la productividad y competitividad de la empresa. Algunos de los temas a tratar son los siguientes:

- ✓ Entorno laboral.
- ✓ Apoderamiento de los empleados (delegación).
- ✓ Trato con los empleados.
- ✓ Trato con los clientes.
- ✓ Trato con la comunidad.
- ✓ Transparencia y responsabilidad.

8 Informes Financieros

8.1 Necesidades Financieras

8.1.1 Inversión

Al empezar cualquier proyecto es necesario realizar una inversión. Esta inversión estará dividida en dos:

La inversión de capital fijo

Son los recursos utilizados para obtener activos a largo plazo, que contribuirán a la producción de la empresa y al beneficio. Estas inversiones se pueden llevar acabo en una inversión inicial, para realizar reparaciones y para incrementas la capacidad de producción. La adquisición de estos activos no será considerada como un gasto, por lo tanto no se pueden deducir de los beneficios con fines fiscales, pero si que se deprecian y eso si se puede deducir.

Los gastos de venta, generales y administrativos (SG&A, del inglés Selling, General and Adminstrative Expenses)

Son aquellos gastos directos e indirectos asociados a la venta de los productos de la empresa y el coste de su actividad diaria. Estos son los empleados, la publicidad y la electricidad necesaria para producir el producto, entre otros. Recuerda que el coste de la materia prima no entra en esta categoría, eso entra en la categoría de coste de bienes vendidos. Yo recomiendo que tengas suficiente financiación al inicio para cubrir los gastos de SG&A de 6 meses, para que así la producción no sea interrumpida en los primeros 6 meses de actividad.

Ahora debes de hacer una tabla enumerando por un lado la inversión de capital fijo y por otro los gastos de venta, generales y administrativos y así obtener tus necesidades financieras.

8.1.2   Préstamo Bancario

En la mayoría de los nuevos proyectos parte de la financiación provendrá de un préstamo bancario. Si en tu caso no requieres un préstamo sáltate este punto y en el caso de este plan de negocios sea para un banco infórmate de sus condiciones. Si ya tienes las condiciones necesitaras dar información de lo siguiente:

- ✓ Importe principal.
- ✓ Interés nominal.
- ✓ Tasa Equivalente Anual (TAE).
- ✓ Plazo de pago.
- ✓ Frecuencia de pagos.
- ✓ Pago mensual.

8.2   Informes Financieros

8.2.1   Cuenta de Resultados

Es un resumen del desempeño de la administración reflejando la rentabilidad, o falta de ella, de una organización durante un período determinado. Detalla los ingresos y gastos del pasado año que llevó a la ganancia o pérdida corriente, e indica lo que se puede hacer para mejorar los resultados. En contraste con un balance financiero, una cuenta de resultados describe lo que sucedió durante un mes, trimestre o año. Se basa en una ecuación de contabilidad fundamental (beneficios = Ingresos - Gastos) y muestra la tasa que mide si el patrimonio de los propietarios está cambiando para mejor o peor. A continuación tenéis un ejemplo de una cuenta de resultados.

Cuenta de Resultados	T0	T1	T2	T3
Ventas Netas				
Ventas				
Costes de bienes vendidos				
Margen Grueso				
Gastos de venta, generales y administrativos				
Beneficios antes de intereses, impuestos, depreciaciones y amortizaciones (EBITDA)				
Depreciación y Amortización				
Depreciación				
Amortización				
Beneficios antes de intereses, impuestos (EBIT)				
Gastos Financieros				
Intereses				
Provisiones financieras				
Beneficios antes de impuestos (EBT)				
Impuestos de sociedades				
Ganancia/Pérdida Neta				

8.2.2 Flujo de Caja

Aunque no es legalmente obligatorio informar a las autoridades tributarias y fiscales, el estado de flujo de caja de la empresa es clave para entender, no cuán rentable es un negocio - que se resume en la cuenta de resultados - sino la capacidad de una empresa para generar dinero y por lo tanto crear valor para los accionistas y otras partes interesadas, como los acreedores. De hecho, muchos expertos en el mundo de las finanzas a menudo aluden a la frase de los académicos de contabilidad de "el efectivo es un hecho, el beneficio neto sólo una opinión".

Los estados de flujo de caja permitirán a los analistas tener una visión rápida de los principales ingresos y salidas en efectivo dentro de una empresa. Los estados de flujo de caja también nos permiten proyectar la tesorería de la empresa para evaluar su liquidez en el futuro.

Yo recomiendo que proyectes tres años de flujo de caja. En la tabla a continuación podéis ver un ejemplo de un flujo de caja, pero tened en cuenta de que en vuestro caso esto puede cambiar.

FLUJO DE CAJA			T0	T1	T2	T3
Operaciones						
Detalles de Ingresos						
		Ingresos por ventas				
		Otros ingresos				
Detalles de gastos						
		Costes de bienes vendidos				
		gastos de venta, generales y administrativos				
Actividades de Inversión						
Detalles de Ingresos						
		Venta de terrenos y bienes naturales				
Detalles de gastos						
		Adquisición de terrenos y bienes naturales				
Actividades financieras						
Detalles de Ingresos						
		Emisión de acciones				
Detalles de Gastos						
		Interés financiero				
		Pago de préstamo				
		Dividendos				
Impuestos						
Detalles de Ingresos	IVA Repercutido					
Detalles de gastos						
		Liquidación de IVA				
Corporativo Otros Impuestos	Impuestos de sociedades					
Balance de Efectivo del Periodo Anterior						
Efectivo al final del Año						

8.2.3 Balance Financiero

El balance de la empresa es un estado financiero que resume sus activos, pasivos y patrimonio neto, en un momento específico. Se conoce, informalmente, como una "imagen de la empresa" en un momento dado desde el cual los inversores pueden tener una idea rápida de lo que la empresa posee y debe, así como el monto invertido por los accionistas. Un balance financiero se puede representar de la siguiente forma.

Balance Financiero	
Activos	**Pasivos**
Activos Corrientes	**Pasivos No Corrientes**
Caja y bancos	Deudas a largo plazo con entidades de crédito
Clientes	**Pasivos Corrientes**
Inventarios	Deudas a corto plazo con entidades de crédito
Activos No Corrientes	**Pasivos Totales**
Maquinaria	**Patrimonio**
Sistemas informáticos	Capital
Mobiliario	Patrimonio Total
Total Activos	**Patrimonio y Pasivos totales**

8.2.4 Valoración de Inversión

Hay muchas formas de evaluar una inversión. Una de las formas para evaluar la viabilidad financiera de tu proyecto, es proyectar los Flujos de caja Libre que la empresa generará para sus accionistas. Estos son una medida del rendimiento financiero de una empresa. Se calcula como, los flujos de caja operativos menos gastos de capital. El Flujo de Caja Libre representa el efectivo que una empresa puede generar después de gastar el dinero requerido para mantener o expandir su base de activos.

También debes evaluar la K_e (coste de financiación) de la empresa, que es la tasa mínima requerida por los inversores. Para llegar a esta cifra, has de asumir que los accionistas diversifican su riesgo y por lo tanto implementa el Modelo de Valoración de Activos Financieros (CAPM, en ingles Capital Asset Pricing Model). Donde:

- ✓ La tasa libre de riesgo aplicable para incluir es el bono a 10 años del país.
- ✓ La Beta es igual al beta de tu industria. La beta representa a las empresas de la industria con una mayor capitalización y por lo tanto presentan un menor riesgo que tu empresa, por ello os recomiendo que le suméis un 45%.
- ✓ La prima de riesgo de mercado se representa como (R_m-R_f).
    - ○ R_m = rendimiento de mercado
    - ○ Rf = rendimiento de un activo libre de riesgo

$$Ke = R_f + \beta (R_m - R_f)$$

Otro método para evaluar una empresa es calculando el valor actual neto (VAN). Este es la diferencia entre el valor actual de la inversión requerida y el valor actual del dinero que se hará en el futuro. El VAN se utiliza para analizar la rentabilidad de una inversión. La fórmula del VAN es la siguiente:

$$VAN = \sum_{t=1}^{T} \frac{C_t}{(1+r)^t} - C_0$$

Donde

- ✓ C_t = Flujo de efectivo neto durante el período t.
- ✓ C_0 = Costes totales de inversión inicial.
- ✓ r = tasa de descuento.
- ✓ t = número de periodo.

Además de esto, es importante calcular la Tasa Interior de Retorno (TIR). Cuanto más alto sea el TIR, más deseable será emprender el proyecto. Asumiendo que el coste de inversión es el mismo para dos o más proyectos, el proyecto con el TIR más alto sería considerado la mejor opción. Esta es muy difícil de calcular. Para ello, podéis usar Excel utilizando la función de TIR y seleccionando los flujos de caja libre.

8.3 Ratios Financieros

La solvencia y la liquidez describen la capacidad de una empresa para pagar los pasivos a corto, medio y largo plazo. Para sobrevivir, las empresas deben tener una fuerte liquidez y una solvencia saludable.

Por lo tanto, es importante analizar diferentes ratios de liquidez, para verificar la situación de liquidez de la empresa.

Ratio de liquidez

Mide la capacidad de pagar pasivos corrientes a medida que se acerca la fecha de vencimiento. Es una medida de la liquidez a corto plazo, evalua la capacidad de una empresa para pagar las cantidades adeudadas en los próximos 12 meses. Un resultado mayor que 1 es una señal de buena salud financiera

$$Ratio\ de\ Liquidez = \frac{Activos\ Corrientes}{Pasivos\ Corrientes}$$

Test acido

Mide la capacidad de una empresa para cumplir con sus obligaciones a corto plazo con sus activos más líquidos. Por lo tanto, no se tiene en cuenta los inventarios. Un resultado mayor que 1 es una señal de buena salud financiera Se calcula de la forma siguiente:

$$Test\ acido = \frac{Activos\ corrientes - Existencias}{Pasivos\ corrientos}$$

Flujo de efectivo operativo

Medida de cuán bien los pasivos corrientes están cubiertos por el flujo de caja generado por las operaciones de una compañía. Un resultado mayor que 1 es una señal de buena salud financiera. Se calcula de la forma siguiente:

$$Flujo\ de\ efectivo\ operativo = \frac{Flujo\ de\ caja\ de\ operaciones}{Pasivos\ corrientos}$$

Ratio de Deuda a Patrimonio

Este ratio representa el porcentaje entre la relación de patrimonio y deuda de la empresa. También pondera las deudas en relación con la inversión, reservas y ahorros de los accionistas.

$$Ratio\ de\ deuda\ a\ patrimonio\ = \frac{Pasivos\ totales}{Patrimonio\ neto}$$

Ratio Deuda a Capital

Esta relación mide el apalancamiento financiero de la empresa, calculado como su deuda dividida por su patrimonio. La deuda incluye obligaciones a corto y largo plazo.

$$Ratio\ de\ deuda\ a\ capital\ = \frac{Deudas\ totales}{Patrimonio\ neto + Deudas\ totales}$$

Ratio de Deudas de Largo Plazo a Activo

Representa el porcentaje de los activos de una empresa que se financian con deudas de largo plazo. Esta relación proporciona una situación de la posición financiera de la empresa, incluyendo su capacidad para cumplir con los requerimientos financieros para préstamos pendientes. Un resultado alto significaría que la empresa necesita de mucho efectivo para hacer frente a las deudas.

$$Ratio\ de\ deuda\ de\ largo\ plazo\ a\ activo\ = \frac{Deudas\ a\ largo\ plazo}{Activos\ totales}$$

Una disminución progresiva de estos últimos tres ratios indicaría que la empresa se está volviendo cada vez menos dependiente de la deuda para hacer crecer su negocio.

Existen varios ratios en los que el ingreso neto puede compararse con los activos utilizados por la empresa, las ventas requeridas o el capital necesario para producir esas ventas. Estos son, en mi opinión, los más importantes son los tres cubiertos a continuación.

Retorno sobre los activos (ROA)

Es un indicador de lo rentable que es una empresa en relación con sus activos totales. También da una idea de cómo la empresa está dando uso de sus activos para generar ganancias. Un resultado alto sugiere que la empresa es rentable.

$$ROA = \frac{Ingresos\ netos}{Activos\ totales}$$

Retorno sobre Ventas

Es una relación usada para evaluar la eficiencia operativa de una empresa. También se conoce como el margen de beneficio operativo de una empresa. Esta medida proporciona una idea de la cantidad de beneficios que se producen por euro de ventas. Por último, se trata de un coeficiente de eficiencia, ya que indica, con precisión, el porcentaje de efectivo operativo que una empresa realmente hace en sus ingresos.

$$Retono\ sobre\ ventas = \frac{Ingresos\ netos}{Ventas\ totales}$$

Retorno sobre el patrimonio o rentabilidad financiera

Es la cantidad de ingresos netos como un porcentaje del patrimonio neto. El retorno sobre el patrimonio mide la rentabilidad de la empresa, revelando cuánto beneficio genera una empresa con el dinero que los accionistas han invertido. Se calcula antes de la distribución de dividendos.

$$Rentabilidad\ financiera = \frac{Ingresos\ netos}{Patrimonio\ neto}$$

La siguiente gama de ratios pueden ser utilizados por los inversores para estimar el atractivo de una inversión potencial o existente y tener una idea de su valoración.

El beneficio por acción (BPA)

Es la porción del beneficio de una empresa asignada a cada acción. Mostrando la rentabilidad de la empresa por acción.

$$BPA = \frac{Ingresos\ netos}{Numero\ de\ acciones}$$

Dividendo por acción (DPA)

Es la suma de todos los dividendos pagados sobre las acciones divididos entre las acciones.

$$DPA = \frac{Dividendos\ del\ año}{Numero\ de\ acciones}$$

Ratio de política de dividendos

Es la proporción de ganancias pagadas como dividendos a los accionistas. Esta relación es fundamental para comprobar la viabilidad de la distribución de los dividendos sobre los beneficios de la empresa.

$$Ratio\ de\ politica\ de\ dividendos\ = \frac{DPA}{BPA}$$

9 Aspectos Legales

9.1 Estructura Jurídica de la Empresa

Escoger la estructura legal adecuada para tu negocio es crucial. No todas las estructuras funcionan igual. Cada una tienes sus requisitos, sus ventajas y desventajas. Por lo tanto, has de familiarizarte con los distintos tipos de forma jurídica que la legislación acoge. No voy a listar los distintos tipos de estructuras por que varían según el país, así que haz una breve investigación en Google de las distintas estructuras para tu territorio.

9.2 Estatutos de la empresa

A la hora de establecer cualquier empresa es necesario desarrollar unos estatutos. Estos establecen normas internas a las que estarán sujetos los accionistas. Es recomendable que los estatutos no sean estándar. Así que asegúrate de que los estatutos de tu empresa se ajustan a tu situación. Mucha gente no le presta atención a este documento a la hora de establecer la empresa y experimenta muchos problemas en el futuro. Los distintos temas a tomar en cuenta se pueden dividir en 5 secciones y normalmente se ven los siguientes puntos.

I. Denominación, duración, domicilio y objeto.
   a. Denominación de la sociedad.
   b. La duración (normalmente tendrá una duración de carácter indefinido).
   c. Domicilio.
   d. Objeto social (actividades que va a realizar la empresa.

II. Capital social y participaciones.
  a. Capital social (capital social, nº de participaciones y valor nominal de participaciones).
  b. Prohibiciones sobre las participaciones.
  c. Título de propiedad de sobre las participaciones.
  d. Libro de registro de socios (registro llevado por los administradores donde constan la titularidad originaria y las posibles transmisiones).
  e. Reglas sobre la transmisión de participaciones.
  f. Transmisiones (voluntarias, mortis causa, forzosas).
III. Órganos sociales.
  a. Junta general (convocatoria, adopción de acuerdos).
  b. Órganos de administración (nº de administradores, requisitos, elección, duración del cargo, retribución).
  c. Poder de representación.
  d. Régimen del consejo de administración.
      1. Composición.
      2. Convocatoria.
      3. Representación
      4. Constitución.
      5. Forma de deliberar y tomar acuerdos.
      6. Acta.
      7. Delegación de Facultades.
      8. Autorregulación.
IV. Ejercicio social y cuentas anuales.
  a. Ejercicio social (fecha en la que comienza y acaba el año a efectos contables y fiscales).
  b. Cuentas anuales (informes de gestión y su revisión).
V. Disolución y liquidación de la sociedad.

9.3 Tramites de la constitución

Una vez que tengas claro la forma jurídica que tu empresa va a tomar, tienes que explicar los distintos trámites que tienes que llevar acabo para realizar la constitución de la sociedad. Cada tramite tiene su coste y debes de tomarlos en cuenta para sumarlos a tu plan financiero. Imagino que en cada país los pasos variaran un poco, pero en España los tres pasos más importantes son

- ✓ Registrar el nombre de las sociedad
- ✓ Acudir a un notario para formalizar los estatutos y la constitución de la empresa
- ✓ Registrarse en el registro mercantil para obtener un código de identificación fiscal (CIF)

No son procesos caros, pero son extremadamente importantes y necesarios.

9.4 Propiedad Intelectual

Seguramente necesites registrar algún tipo de propiedad intelectual, ya sea la marca, un logotipo, una invención, un procedimiento o un diseño. Es extremadamente importante proteger tu propiedad intelectual para que nadie te la robe. Fracasar en esto puede significar el fracaso. Para asegurarte de que estas bien protegido debes asegurarte de que proteges tu propiedad intelectual en el mayor número de territorios posibles. Para ello yo te recomiendo que entres en www.wipo.int. Esta organización te ofrece la posibilidad de proteger tu propiedad intelectual en un gran número de países a la vez. En el caso de que su registro no sea válido para algún país que tú quieras, será necesario que lo registres en la oficina propiedad intelectual del país en cuestión.

9.5 Seguros y Licencias

No se me ocurre una sola empresa que no necesite algún tipo de seguro o licencia y seguramente tú no eres la excepción. Cada industria suele requerir de seguros y licencias específicos. Es tu labor investigar y obtener los distintos seguros y licencias necesarios. El llevar a cabo una actividad económica sin los seguros y las licencias pertinentes resultara en una multa económica o incluso el cierre permanente de la empresa. Así que no te la juegues y empieza la empresa con buen pie. Estos suelen tener un coste que debes tomar en cuenta en el plan financiero.

10 Sistemas Informáticos

En el caso de que vayas a establecer una empresa de tecnología en esta es la sección debes explicar cómo funcionara esa tecnología. Pero antes de enseñárselo a alguien asegúrate de que las protegido adecuadamente.

Por otra parte, seguro que en tu negocio habrá muchos procesos tediosos, estos pueden ser simplificados por sistemas informáticos. No es necesario utilizar un sistema informático para ser exitoso pero, seamos honestos, hoy en día si no lo haces te quedas atrás. Entonces, aquí habla de la tecnología que vas a usar en tu negocio y de qué manera te vas a beneficiar de ella. Seguramente esto conlleve algún gasto, así que tómalo en cuenta en el plan financiero.

11 Planes de Contingencia

Toda empresa necesita un plan de contingencia, ya sea para evacuar las instalaciones en caso de un incendio o en caso de que algo impida el funcionamiento normal de la empresa. Obviamente estos planes serán específicos para cada empresa, pero el principio es el mismo. Por ejemplo, imagina que hay un corte de electricidad en un parque de atracciones, se necesitaría poner en marcha un plan para que las atracciones sigan con su funcionamiento normal. Pues esto es aplicable a cualquier empresa. Puede que en tu lugar no encuentres una situación tan drástica, pero nunca está demás tomar medidas de este carácter.

Además de esto, los gobiernos suelen prestar mucha atención a los riesgos laborales. Puede que tú vayas a trabajar en una oficina pero es necesario que tomes un mínimo de medidas. Esta suelen tomar forma de señales que indican la salida, ubicación de extintores, etcétera.

12 Hoja de Ruta y Estrategias de Crecimiento

Ya has realizado todos los pasos a tomar en cuenta a la hora de comenzar tu actividad económica. Ahora debes de establecer un plan organizativo en el que te fijas objetivos 'SMART'. Esto objetivos deben estar enfocados al crecimiento y la expansión de la empresa a corto, medio y largo plazo. Por ello, has de encontrar futuras fuentes de ingresos alternativas, ya sea a nivel nacional como internacional. Estas permitirán que tu crecimiento incremente exponencialmente.

Yo desarrollaría la hoja de ruta desde el inicio de actividad hasta el séptimo año de actividad, poniendo los distintos hitos que quiero alcanzar a lo largo de cada año. La hoja de ruta puede ser todo lo detallada y especifica que quieras, o puede ser algo en lo que solo pones los objetivos más importantes, esa es tu decisión.

En mi opinión una hoja de ruta es una herramienta muy poderosa. La mayoría de los emprendedores que no la usan se olvidan de los objetivos establecidos por todo el trabajo que tienen en el día a día. Para que esto no te ocurra a ti, intenta invertir al menos 1 a 3 horas de tu tiempo a la semana en planificación para proyectos futuros. Si haces esto, verás lo poderoso que es, e iras invirtiendo más horas poco a poco.

13 Conclusión

Si has llegado a este punto, ya tienes tu plan de negocios listo para su implementación. Solo te queda plasmar tu conclusión acerca del negocio.

Espero que utilizando este plan de negocios tú emprendimiento sea más exitoso. Por último, quiero darte las gracias por haber confiado en mí para ayudarte a sentirte más seguro de tu proyecto empresarial y espero haber sido de ayuda.

www.ingramcontent.com/pod-product-compliance
Lightning Source LLC
Chambersburg PA
CBHW041103180526
45172CB00001B/79